BEI GRIN MACHT SICH IHR WISSEN BEZAHLT

AF167074

- Wir veröffentlichen Ihre Hausarbeit,
  Bachelor- und Masterarbeit

- Ihr eigenes eBook und Buch -
  weltweit in allen wichtigen Shops

- Verdienen Sie an jedem Verkauf

Jetzt bei www.GRIN.com hochladen
und kostenlos publizieren

Bibliografische Information der Deutschen Nationalbibliothek:

Die Deutsche Bibliothek verzeichnet diese Publikation in der Deutschen National-
bibliografie; detaillierte bibliografische Daten sind im Internet über http://dnb.d-
nb.de/ abrufbar.

Impressum:

Copyright © 2020 GRIN Verlag
Druck und Bindung: Books on Demand GmbH, Norderstedt Germany
ISBN: 9783346230256

Dieses Buch bei GRIN:

https://www.grin.com/document/902675

Roberto Aytekin

Erstellung eines Trainingsplans für Fortgeschrittene Hobbysportler

GRIN Verlag

GRIN - Your knowledge has value

Der GRIN Verlag publiziert seit 1998 wissenschaftliche Arbeiten von Studenten, Hochschullehrern und anderen Akademikern als eBook und gedrucktes Buch. Die Verlagswebsite www.grin.com ist die ideale Plattform zur Veröffentlichung von Hausarbeiten, Abschlussarbeiten, wissenschaftlichen Aufsätzen, Dissertationen und Fachbüchern.

Besuchen Sie uns im Internet:

http://www.grin.com/

http://www.facebook.com/grincom

http://www.twitter.com/grin_com

Deutsche Hochschule für
Prävention und Gesundheitsmanagement
Hermann Neuberger Sportschule 3
66123 Saarbrücken

Einsendeaufgabe

Fachmodul:	Trainingslehre 1
Studiengang:	Bachelor of Arts Fitnessökonomie
Datum Präsenzphase:	20.04.2020 – 23.04.2020
Name, Vorname:	Aytekin, Roberto
Studienort:	Hamburg
Semester:	Wintersemester 19

Inhaltsverzeichnis

1 Lösung Aufgabe 1

Um einen optimalen Trainingsplan für einen Kunden zu erstellen, sollte man vorab eine Diagnose des Kunden vornehmen. Hierbei werden mittels Eingangsgespräches zwischen dem Kunden und dem Trainer allgemeine und biometrische Daten der Person erfasst.

1.1 Allgemeine und Biometrische Daten

1.1.1 Allgemeine Kundendaten

Tab. 1: Allgemeine Kundendaten

Alter in Jahren	23
Geschlecht	Männlich
Körpergröße in cm	180
Körpergewicht in kg	80
Trainingsmotive	Muskelaufbau, Verbesserung der Maximalkraft und Steigung der Kraftausdauer
Berufliche Tätigkeit	Büroangestellter (vorwiegend sitzend)
Aktuelle sportliche Aktivität	Seit zwei Jahren Mitglied in einem Fitnessstudio, zweimal die Woche a 1,5 Stunden, jedoch ohne systematische Trainingsplanung
Die Frühere sportliche Aktivität	Bis zum 22. Lebensjahr aktiver Spieler einer Fußballmannschaft; zeitlicher Aufwand lag bei drei mal in der Woche a zwei Stunden
Zeitlicher Verfügungsrahmen	Drei bis vier mal in der Woche, a 2 Stunden

1.1.2 Biometrische Kundendaten

Tab. 2: Biometrische Daten

Parameter	Kundendaten	Normwert	Bewertung
Blutdruck in mmHg	120/80 mm Hg	120/80 mm Hg	Optimal
Ruhepuls	65 Schläge/Minute		
Körperfettanteil in %	21	16, 5- 20,2	Mittel

Tab. 3: Klassifikation der Blutdruckwerte

Wertung	Systolischer Blutdruck	Diastolischer Blutdruck
Optimal	<120 mm Hg	<80 mm Hg
Normal	<130 mm Hg	<85 mm Hg
Hochnormal	130-139 mm Hg	85-89 mm Hg
Hypertonie Stufe 1	140-159 mm Hg	90-99 mm Hg
Hypertonie Stufe 2	160-179 mm Hg	100-109 mm Hg
Hypertonie Stufe 3	>180 mm Hg	>110 mm Hg

1.1.3 Gesundheitszustand des Kunden

Tab.4: Gesundheitszustand des Kunden

Medikamenteneinnahme	Keine
Allgemeine Befindlichkeit (eigene Einschätzung)	Gut
Krankheiten	Keine
Orthopädische Probleme	Keine

1.1.4   Bewertung der Kundendaten

Den Tabellen 2 und 4 kann man entnehmen, dass der Gesundheitszustand vom Kunden optimal ist. Es bestehen keine gesundheitlichen Einschränkungen, sodass eine volle Belastung möglich ist.

1.2   Krafttestung

Um den individuellen, gegenwärtigen Leistungszustand des Kunden zu bestimmen, führt man vor der Trainingsplanung ein Verfahren der Krafttestung durch. Es wird zwischen Maximalkrafttests (1-RM-Test), Mehrwiederholungskrafttest (X-RM-Test) und einer Intensitätsbestimmung über das subjektive Belastungsempfinden unterschieden. Zudem gibt es noch funktionsgymnastische Krafttests.

Beim Kunden wurde ein Mehrwiederholungskrafttest, eine Krafttestung nach der individuellen Leistungsbild Methode (ILB-Methode) durchgeführt, da dieser speziell für den Fitness- und Gesundheitssport entwickelt wurde (Strack & Eifler, 2005).

Hierbei wird die Höhe des Maximalgewichtes, mit welcher exakt die vorher festgelegte, von den Zielen abhängige, Anzahl der Wiederholungen technisch korrekt ausgeführt werden kann, herausgefunden. Ein Vorteil der ILB-Methode ist, dass kein Maximalkrafttest zur Bestimmung der Trainingsintensität notwendig ist, sodass gerade bei Un- geübten und Anfängern eine Überlastung oder gar Verletzung vermieden wird.

Die Progression erfolgt nur durch die Intensitätssteuerung.

1.2.1   Testablauf der ILB-Methode

Bevor man mit dem Krafttest beginnt, ist vorher herauszufinden, welches Trainingsziel erstrebt wird. Vorgaben für die Wiederholungszahlen pro Serie wurden wie folgt festgelegt (Strack & Eifler, 2005):

Kraftausdauertraining mit 15 – 30 Wiederholungen

Hypertrophie Training mit 8-15 Wiederholungen

Maximalkrafttraining mit 5-8 Wiederholungen

Als nächstes legt man fest, welche Übungen bzw. Geräte im anschließenden Training verwendet werden.

Darauf folgt das allgemeine und spezielle Aufwärmen, um das Herz-Kreislauf-System zu aktivieren und die lokalen Muskelgruppen sowie Gelenkstrukturen optimal aufzu wärmen.

Nun erfolgt der erste Testsatz mit der vorher festgelegten Wiederholungszahl. Wurde die Wiederholungszahl bei korrekter Ausführung der Übung erreicht, kann man den zweiten Testsatz durch subjektive Einschätzung optimieren (Erhöhung der Intensität). Bei zu hohen Gewichtseinschätzungen wird das Gewicht reduziert (gewünschte Wiederholungs-zahl wurde bei technisch korrekter Ausführung nicht erreicht). Maximal soll- ten drei Testsätze absolviert werden.

Nachdem man die gewünschte Wiederholungszahl gerade so technisch korrekt ausgeführt hat, setzt man die Intensität anhand des ILB-Grobrasters (Tab.6) in die Trainingsplanung um. Die prozentuale Belastungsintensität richtet sich nach der Leistungsstufe des Kunden.

Tab. 5: Durchführung der ILB-Methode im Überblick

1. Schritt	Festlegung der kraftspezifischen Ziele, der entsprechenden Wiederholungszahl und der Übungen: -Kraftausdauer: 15-30 Wdh. -Hypertrophie: 8-15 Wdh. -Maximalkraft: 5-8 Wdh.
2. Schritt	ILB-Test mit der entsprechenden Wieder-holungszahl: 1.allgemeines Aufwärmen 2.spezielles Aufwärmen 3.erster Testsatz mit der geforderten Wie-derholungszahl (maximal sollten höchs-tens drei Testsätze absolviert werden)
3. Schritt	Umsetzung des Testergebnisses in die Trainingsplanung. Auswahl der Trai-ningsintensität an Hand des Grobrasters (Tab.8).

Tab. 6: Grobraster der Intensitäten nach der ILB-Methode

Leistungsstufe	Zeit-stufe (Monate)	Org.-Form	Einheiten/ Woche	Übungen/ Muskel	Sätze/ Übung	Intensität In % ILB
Orientierungsstufe	0-1,5	GK	2	1-2	1-2	Gering
Beginner	1,5-6	GK	2	1-2	1-2	50-70
Geübter	6-12	GK	2-3	1-2	2	60-80
Fortgeschrittener	>12	GK/Split	3-4	1-3	2-3	70-90
Leistungstrainierender	>36	GK/Split	3-6	1-4	2-4	80-100

1.2.2 Testergebnisse des Krafttests

Tab. 7: Testergebnisse der Übungen nach der ILB-Methode

Testübungen	Wiederholungen	1. Testsatz	2. Testsatz	3. Testsatz	Ergebnis
Kniebeugen (LH)	20	30 Kg	40 Kg	50 Kg	50 Kg
Beinpresse horizontal (sitzend)	20	130 Kg	150 Kg	160 Kg	160 Kg
Lastzug vertikal zum Nacken	20	49 Kg	56 Kg		56 Kg
Bankdrücken (LH)	20	50 Kg	55 Kg	60 Kg	60 Kg
Seitheben (KH)	20	5 Kg	7 Kg		7 Kg
Armbeuger (LH)	20	10 Kg	12,5 Kg		12,5 Kg
Armstrecken über Kopf (KH)	20	5 Kg	7 Kg	8 Kg	8 Kg
Crunch-Maschine	20	35 Kg	49 Kg	56 Kg	56 Kg
Ruderzugmaschine	20	49 Kg	42 Kg		42 Kg
Butterflymaschine	20	49 Kg	56 Kg	63 Kg	63 Kg

1.2.3 Konsequenzen der ILB-Methode für das Krafttraining

Anhand der ILB-Methode ist kein interindividueller Leistungsvergleich möglich, da keine Norm- und Referenzwerte zur Vergleichbarkeit des Kraftniveaus existieren. Nach Abschluss eines Mesozykluses kann man den erläuterten Krafttest unter exakt den gleichen Bedingungen nochmals vollziehen, um eine Verbesserung der eigenen Kraftleistung aufzuzeigen. Da man die individuelle Leistungsentwicklung dokumentieren kann, ist ein intraindividueller Leistungsvergleich gegeben.

Da der Kunde bereits seit 24 Monaten aktives Mitglied in einem Fitnessstudio ist, kann man ihn anhand des Grobrasters (Tab.7, rot hinterlegt) auf die Leistungsstufe des Fortgeschrittenen einordnen. Daraus resultiert die Ableitung der Trainingsintensität, die zwischen 70 – 90% liegt.

2   Lösung Aufgabe 2 – Zielsetzung

Tab. 8: Zielsetzung

Inhalt	Ausmaß	Zeit
Hypertrophie (Muskelaufbau)	5 %	6 Monate
Steigerung der Maximalkraft	5 %	6 Monate
Verbesserung der Kraftausdauer	5 %	6 Monate

Der Diagnose (Tab.1) kann man entnehmen, dass der Kunde den Wunsch hat, an Muskelmasse zu gewinnen. Im Fokus stehen hierbei speziell die Brust- und Rückenpartie. Dadurch, dass der Kunde seit Jahren sportlich aktiv ist, ist es realistisch, 1,5 kg an Muskelmasse in einem halben Jahr aufzubauen (Studienbrief Trainingslehre 1, S. 41). Ein weiteres Ziel ist es, einen hohen Maximalkraftzuwachs, speziell in der Beinmuskulatur, zu erreichen. Letzteres Ziel ist es die Kraftausdauerleistung zu erhöhen, um somit die Stoffwechselsituation der Bindegewebsstrukturen zu verbessern. Aus den Testergebnissen der ILB-Methode (Tab.7) kann man den derzeitigen Zustand bei einer Wiederholungszahl von 20 entnehmen. Hierbei möchte sich der Kunde bei jedem Gewicht um 5% steigern, bei einer gleichen Wiederholungszahl. Nach dem abgeschlossenen Makrozyklus

(Tab.9) absolviert der Kunde unter gleichen Bedingungen die ILB-Methode. Die neuen Ergebnisse werden mit den alten Ergebnissen (Tab.7) verglichen, um die Kraftsteigerung zu sehen.

Da der Kunde keine gesundhcitlichen Beschwerden hat, kann er in allen Bereichen gefördert werden. Es bestehen keine Einschränkungen, somit ist er voll belastbar.

3 Lösung Aufgabe 3

3.1.1 Makrozyklusplanung

Tab. 9: Makrozyklusplanung

	Mesozyklus 1	Mesozyklus 2	Mesozyklus 3	Mesozyklus 4
Zyklusdauer	6 Wochen	7 Wochen	6 Wochen	7 Wochen
Spezifisches Trainingsziel	Kraftausdauer	Hypertrophie	Hypertrophie	Maximalkraft
Häufigkeit pro Woche	3	3	3-4	3-4
Organisationsform	GK/Station	GK/Station	Split/Station	Split/Station
Übungen pro Muskelgruppe	1-3	3	3	3
Sätze pro Übungen	2-3	2-3	3	3
Satzpausen	30 – 60 sek	120-180 sek	120 – 180sek	180-300 sek
Wiederholungen	20	10	8	5
Intensität in % ILB	70 -90	70-90	70 - 90	70-90
Bewegungstempo	Langsam -zügig	Langsam - zügig	Langsam - zügig	explosiv

Nach jedem abgeschlossenem Mesozyklus wird jeweils ein neuer Krafttest nach der ILB-Methode durchgeführt, um die entsprechenden Übungen und Intensitäten für den folgenden Mesozyklus festzulegen.

Aufgrund des unkoordinierten Trainingsplanes vom Kunden habe ich mich entschieden, den Makrozyklus mit einem sechswöchigen Mesozyklus mit dem spezifischen Trainingsziel der Kraftausdauer zu beginnen. Durch das Kraftausdauertraining schafft man die muskuläre Basis durch die Vermehrung der Mitochondrien, in denen die aerobe Energiegewinnung stattfindet. Zudem fördert das Kraftausdauertraining die muskuläre Ausdauerleistungsfähigkeit (Kralle, 2011). Das Muskelaufbautraining steht im Fokus des Makrozykluses.

3.1.2 Prinzipien der Trainingslehre

Es wurden alle übergeordneten Prinzipien der Trainingslehre beim erstellen des Traningsplanes eingehalten. Die folgenden Prinzipien stehen nicht isoliert nebeneinander, sondern beeinflussen und ergänzen sich gegenseitig (Letzelter, 1978).

→ Prinzip des trainingswirksamen Reizes: Intensitätsschwellen werden durch die Intensität gesteuert und die ist vom Leistungszustand der Person abhängig.

→ Prinzip der progressiven Belastungssteigerrung: Belastungsnormativen (Häufigkeit, Intensität, Umfang) steigen im Laufe des Makrozyklus.

→ Prinzip der variierenden Belastung: Belastungsparameter werden gewechselt.

→ Prinzip der optimalen Relation zwischen Belastung und Erholung: Regenerationsphasen sind vorhanden, da drei/vier mal die Woche trainiert wird.

→ Prinzip der Dauerhaftigkeit und Kontinuität: Belastungen werden mehrfach und über einen längeren Zeitraum wiederholt.

→ Prinzip der Periodisierung und Zyklisierung: siehe Punkt 3.1.5 (S.11)

→ Prinzip der Individualität und Altersgemäßheit: Die Trainingsreize wurden individuell unter Berücksichtigung des Eingangsgesprächs gewählt.

3.1.3 Trainingsmethode

Unter dem Begriff der Trainingsmethode versteht man ein planmäßiges Verfahren zur Gestaltung des Trainings. Demnach sind trainingsmethodische Entscheidungen zentrale Entscheidungen von Trainingsplanung und Trainingsvollzug (Röhting, 1992).

Da der Kunde keine gesundheitlichen Einschränkungen hat (Tab.4), ist er voll belastbar. Es wurde sich für die Wahl der ILB-Methode entschieden, da durch diese Methode eine optimale progressive Belastungssteigerung gegeben wird und somit optimale Trainingsreize gesetzt werden. Sie wurde speziell für den Fitness- und Gesundheitssport entwickelt

(Strack & Eifler, 2005) und ist für alle Leistungsstufen anwendbar (Strack & Eifler, 2005). Somit ist sie für den vorliegenden Kunden geeignet.

3.1.4 Belastungsparameter

Die jeweiligen Belastungsparameter, also die Trainingseinheiten in der Woche, die Anzahl der Übungen pro Muskelgruppe, die Satzzahl sowie die Trainingsintensität, lassen sich alle aus dem ILB-Grobraster (Tab.6) ableiten. Sie orientieren sich nach dem Trainingsalter und somit nach der Leistungsstufe des Kunden. Die Trainingsintensität ist nach Oliver et al. (2008,S.120) eine der wichtigsten Variablen zur Gestaltung des Krafttrainings. Sie muss nach Güllich und Schmidtbleicher mindestens 50% der individuellen Maximalkraft betragen, um im Krafttraining überhaupt Effekte auszulösen (Güllich & Schmidtbleicher, 1999). Aus der Diagnose (Tab. 1) kann man für den Kunden schließen, dass er die Leistungsstufe des Fortgeschrittenen bereits erreicht hat und seine Trainingsintensität somit bei 70 - 90 % liegt.

Der zeitliche Verfügungsrahmen vom Kunden entspricht der Anzahl der vom ILB- Grobraster vorgegebenen Einheiten in der Woche.

Die Pausen zwischen den Sätzen betragen im ersten Mesozyklus 30 – 60 Sekunden, da die optimal für das spezifische Trainingsziel der Kraftausdauer sind (Güllich & Schmidtbleicher, 1999).

Im zweiten und im dritten Mesozyklus steht das Ziel des Muskelaufbaus im Vordergrund. Dadurch wurden die Satzpausen von 120-180 Sekunden gewählt, um so die Leistungsfähigkeit wiederherzustellen (Fröhlich, 2003).

Beim Maximalkrafttraining sollte eine Satzpause von drei bis fünf Minuten eingeplant werden, um ebenfalls die Leistungsfähigkeit wiederherzustellen (Güllich & Schmidtbleicher, 1999).

Das Tempo mit dem die Übung ausgeführt werden soll, orientiert sich nach der Trainingsmethode von Güllich und Schmidtbleicher (Güllich & Schmidtbleicher, 1999).

3.1.5 Organisationsform

Über den kompletten Makrozyklus wird im sogenannten Stationstraining trainiert. Unter dem Begriff Stationstraining versteht man ein Belastungsverfahren, in dem jede Übung einer Station zugeordnet und in dem der Kunde jeweils an einer Station tätig ist (Thieß, Schnabel, & Baumann, 1980)

An jeder Station wird dann mit vorgegebener Wiederholungszahl und Serienzahl trainiert.

Über den kompletten Makrozyklus wird im Mehrsatz-Training trainiert. Dies bedeutet, dass zwei oder mehr Sätze pro Übung ausgeführt werden (Gießing, et al., 2005). Durch das Mehrsatz-Training hat man in allen Altersstufen einen größeren Effekt als beim Einsatz-Training (Fröhlich, 2006).

3.1.6 Periodisierung

Unter dem Begriff der Periodisierung versteht man im Krafttraining allgemein die Variation der Belastungsparameter. Speziell die der Belastungsintensität und dem Belastungsvolumen, umso die motorische Leistungsfähigkeit zu verbessern und eine Trainingsmonotonie durch ein abwechslungsreiches Training zu vermeiden (Fröhlich, 2010). Die lineare Periodisierung, die beim Makrozyklus für den Kunden angewandt wurde, ist durch die über einen Makrozyklus progressiv ansteigende Intensität bei gleichzeitig regressiv abnehmenden Wiederholungszahlen gekennzeichnet (Kraemer & Fleck, 2007). Über den kompletten Makrozyklus wird das Prinzip der progressiven Belastungssteigerung angewandt. Die Trainingsintensität wird stetig gesteigert, somit werden in regelmäßigen Abständen neue Reize gebildet. Dadurch entgeht man einer Leistungsstagnation (Weineck, 2004).

Im Hinblick auf die zeitliche Abfolge der anvisierten Anpassungseffekte der einzelnen Mesozyklen kann man sagen, dass kein Makrozyklus über sieben Wochen anhält. Dies wurde bewusst so gewählt, da nach dem Überschreiten der Trainingsdauer von zehn Wochen der Deckeneffekt eintritt. Demnach ist keine weitere Leistungssteigerung mehr möglich (Ehlenz, Grosser, & Zimmermann, 2003).

4   Lösung Aufgabe 4

4.1.1   Mesozyklus

Tab. 10: Mesozyklus

Zyklusdauer	6 Wochen
Spezifisches Trainingsziel	Kraftausdauer

Trainingseinheiten pro Woche	3
Organisationsform	GK/Station
Übungen pro Muskelgruppe	1-3
Sätze pro Übungen	2-3
Satzpausen	45-60 sek
Wiederholungszahlen	20
Intensität	70-90 % ILB
Bewegungstempo	Langsam - zügig

Da der Kunde auf Grund seiner sportlichen Vorerfahrung anhand des ILB-Grobrasters (Tab.6) als „Fortgeschrittener" eingestuft wird, orientieren sich alle Belastungskomponenten, die aus der Tabelle 10 abzulesen sind, an der Leistungsstufe „Fortgeschrittener" der ILB-Methode.

4.1.2 Krafttrainingsübungen

Tab. 11: Darstellung Krafttrainingsübungen

Übung	Wiedrholungen	1.Woche	2.Woche	3.Woche	4.Woche	5.Woche	6.Woche
	20	70 %	70 %	80 %	80%	90 %	90%
Kniebeuge	20	35 Kg	35 Kg	40 Kg	40 Kg	45 Kg	45 Kg
Beinpresse horizontal, sitzend	20	112 Kg	112 Kg	128 Kg	128 Kg	144 Kg	144
Lastzug vertikal zum Nacken	20	39,2* Kg	39,2 Kg	44,8 Kg	44, Kg 8	50,4 Kg	50,4 Kg
Rücksendung horizontal	20	29,4 Kg	29,4 Kg	33,6 Kg	33,6 Kg	37,8 Kg	37,8 Kg
Bankdrücken LH	20	42 Kg	42 Kg	48 Kg	48 Kg	54 Kg	54 Kg
Butterflymaschine	20	44,1 Kg	44,1 Kg	50,4 Kg	50,4 Kg	56,7 Kg	56,7 Kg
Crunch-Maschine	20	39,2 Kg	39,2 Kg	44,8 Kg	44,8 Kg	50,4 Kg	50,4 Kg
Kurzhanteln Seithaben	20	4,9 Kg	4,9 Kg	5,6 Kg	5,6 Kg	6,3 Kg	6,3 Kg

*Ungerade Trainingsgewichte sollten je nach Bedarf auf- bzw. abgerundet werden

Zu Beginn einer jeder Trainingseinheit steht das allgemeine Aufwärmen (5-10 Minuten auf einem Ergometer nach Wahl). Dies dient der Erhöhung der Körperkerntemperatur, der Mobilisation des Herz-Kreislauf-Systems, der psychischen Einstimmung sowie der Verletzungsprophylaxe. Es wurde eine leistungssteigernde Wirkung eines allgemeinen Aufwärmens belegt (Fradkin, Zarzyn, & Smoliga, 2010). Durch die Erhöhung der Körperkerntemperatur von ca. 37,0° C auf 38,0-38,5°C werden die Stoffwechselvorgänge beschleunigt und die Reizleistungsfähigkeit erhöht (Kralle, 2011).

Darauf folgt das spezielle Aufwärmen. Hierbei wird die Übung, mit der im Anschluss trainiert werden soll, mit geringem Arbeitsgewicht (1. Satz: 8 Wdh. Mit 50% des Arbeitsgewichtes, 2.Satz: 70% des Arbeitsgewichtes, 3.Satz: 80% des Arbeitsgewichtes) absolviert. Ziel ist es, die beteiligten Muskelgruppen und Gelenkstrukturen auf die Arbeitsbelastung der folgenden, intensiven Kraftleistungen vorzubereiten.

Die Reihenfolge der Übungen wurde nach dem Aspekt des Muskelmasseanteils gewählt, sprich Übungen mit hohem Muskelmasseanteil stehen vor den Übungen mit geringem Muskelmasseanteil. Zudem wurde der Aspekt der Komplexität in die Planung der Reihenfolge beachtet (Mehrgelenkige Übungen vor eingelenkigen Übungen).

Dies verhindert die Vorermüdung der Synergisten (Simao, et al., 2010).

Gestartet wir mit der Übung „Kniebeuge". Diese Übung dient zur Kräftigung der Beinmuskulatur sowie der Rumpfmuskulatur. Bei der Abwärtsbewegung arbeitet die Beinmuskulatur exzentrisch und bei der Aufwärtsbewegung konzentrisch. Der Bereich der Lendenwirbelsäule wird zudem statisch beansprucht. Durch die Komplexität dieser Übung wird ein hoher Muskelmasseanteil beansprucht. Der koordinative Anspruch ist auf Grund der Gleichgewichtsanforderung sehr hoch (Ebben, Jensen, & Blackard, 2000).

Darauf folgt die Beinpresse, um die Bein- sowie Gesäßmuskulatur noch einmal zu beanspruchen. Da eine Vorermüdung vorliegt, wird hier an einer Krafttrainingsübung an einer Maschine trainiert da hier ein geringerer koordinativer Anspruch vorliegt (Baechle, Earle, & Wathen, 2008).

Da bei der Kniebeuge schon ein Teil der Rückenmuskulatur trainiert wurden ist und die Rückenmuskulatur einen hohen Muskelmasseanteil aufweist, wird als nächstes am „Latzug vertikal zum Nacken" trainiert. Es folgt der „Rückenzug horizontal". Bei bei- den Übungen ist der Schwerpunkt auf den breiten Rückenmuskel und den unteren Teil des Kaputzenmuskels gelegt.

Die darauffolgende Übung heißt „Bankdrücken mit der Langhantel". Der Zielmuskel dieser Übung ist der große Brustmuskel. Um noch eine Übung für den großen Brust- muskel zu absolvieren, steht als nächstes die Übung „Fliegende mit der Kurzhantel" an. Da beim Latzug sowie beim Ruderzug der Musculus biceps brachii und beim Bankdrü- cken der musculus triceps brachii als unterstützende Muskulatur mit beansprucht wird, wird keine isolierte Übung für die Muskulatur in den Plan aufgenommen.

Um den geraden und den seitlichen Bauchmuskel zu trainieren, folgt nun die „Crunch-Maschine".

Die letzte Übung „Seitheben mit der Kurzhantel" ist eine eingelenkige Kräftigungsübung für die Schultermuskulatur. Hierbei wird der mittlere Teil des Deltamuskels als Zielmuskel trainiert und der vordere sowie der hintere Teil des Deltamuskels dienen als Hilfsmuskulatur. Der obere Teil der Kaputzenmuskulatur wird ebenfalls beansprucht.

5   Lösung Aufgabe 5

5.1.1   Studie 1: Effekte des Krafttrainings bei Osteoporose

Tab.12: Studie 1: Effekte des Krafttrainings bei Osteoporose (Kemmler, 1999)

	Studie
Autoren	Herrn Dr. Wolfgang Kemmler
Erscheinungsjahr	1999
Versuchspersonen	46 weibliche Probanden (Im Alter von 39 – 71) Ausschluskriterien der Probanden: Ruhehypertonie, Herzinsuffizienz, akute akute entzündliche Erkrankungen, Probleme mit der Bandscheibe, frische Frakturen
Versuchsaufbau	Die Studie verlief 9 Monate. Es gab eine Einteilung nach Lebensphase. Frauen der prämenopausalen Phase (44+/- 5 Jahre). Frauen der frühpostmenopausalen Phase (54 +/- 5 Jahre). Frauen der spätmenopausalen Phase (64 +/- 6 Jahre). Die letzte Gruppe ist die Kontrollgruppe, die nicht trainierte. Alle Frauen gingen ihren normalen Alltag nach. Es wurden Faktoren wie Ausdauer, isometrische Maximalkraft der Rumpfmuskulatur sowie die Beweglichkeit und Sportvorerfahrung. Die Trainingsgruppen führten zwei Mal die Woche ein 90-minütiges Training sowie zwei Mal in der Woche ein Homeworkout (ca. 35 Minuten) durch. Die Parameter Knochendichte und die Wirbelkörperbreite an der LWS (LWK 2-4 a.p.), am Schenkelhals sowie der Gesamtkörper wurden mit einem DPX-L Gerät einmal vor und einmal nach dem Trainingsprogramm gemessen.
Schlussfolgerung	Die Anthropometrische Daten (BMI, Körperfett %) wurden nicht beeinflusst. Bei allen Probanden stieg die Knochendichte der LWS. Die Lendenwirbelkörper veränderte sich in der Breite 2-4 positiv. Die Knochendichte am Schenkelhals erhöhte sich stark. Frauen in jeder Lebensphase können von einem passenden kör-

	perlichen Training profitieren (Vorallem Frauen in der frühpost-menopausalen Phase). Das Gesamtkalzium veränderte bei der frühpostmenopausalen Gruppe sehr deutlich

5.1.2 Studie 2: Effekte des Krafttrainings bei Osteoporose

Tab.13: Studie 2: Effekte des Krafttrainings bei Osteoporose (Kemmler, Riedler, 1998)

	Studie
Autoren	W. Kemmler und H. Riedel
Erscheinungsjahr	1998
Versuchspersonen	108 weibliche Probanden
Versuchsaufbau	Die Studie verlief 10 Monate. Die Probanden hatten Bandschei-ben Probleme, Ruhehypertonie, osteoanabole oder antiresorp-tive medikamentöse Osteoporose Therapie und waren im alter von 47 bis 65 Jahre alt. Es hat 2 Gruppen gegeben. 1. Trainings- Gruppe (83 Proban-den) und 2. Kontroll-Gruppe (25 Probanden). Die Trainngs-gruppe wurde in 2 weitere Gruppen unterteilt (häufig trainierend und wenig häufig trainierend)
Schlussfolgerung	Bei der häufig trainierenden Gruppe wurden positive Verbesse-rungen der Knochendichte an der LWS gezeigt. Bei der wenig häufig trainierenden Gruppe wurden leichte Verbesserungen gezeigt und bei der Kontrollgruppe, sind Verschlechterungen aufgetreten. Somit erwies die Studie dass das körperliche Trai-ning, unter Beachtung neuerer trainingsme- thodischer Richtli-nien, zu einer sehr positiven Beeinflussung ossärer und extra-ossärer Risikofaktoren beiträgt.

6 Literaturverzeichnis

Baechle, T. R., Earle, R. W., & Wathen, D. (2008). Resistance training. Essentials of strength training and conditioning , 387-390.

Ebben, W., Jensen, R., & Blackard, D. (2000). Electromyographic and Kinetic Analysis of Complex Training Variables. Journal of Strength and Conditioning Research , 14 (4), 451-456.

Ehlenz, H., Grosser, M., & Zimmermann, E. (2003). Krafttraining Grundlagen, Metho-den, Übungen, Leistungssteuerrung, Trainingsprogramme. BLV Buchverlag. Fradkin, A.

J., Zarzyn, T. R., & Smoliga, J. M. (2010). Effects of warming-up on physical perfor-mance: A systematic review with meta-analysis. Journal of Strength and Conditioning Research , 24 (1), 145-148.

Fröhlich, M. (2006). Zur Effizienz des Einsatz- vs. Mehrsatz Trainings. Eine metaanaly-tische Betrachtung. Sportwissenschaft , 3 (36), 269-290.

Fröhlich, M. (2003). Kraftausdauertraining. Eine empirische Studie zur Methodik. Göttingen: Cuvillier.

Fröhlich, M. (2010). Ökonomische Überlegungen zum sportlichen Training unter beson-derer Berücksichtigung der Krafttrainingsforschung . Kumulative Habilitationsschrift. Philosophische Fakultät der Universität des Saarlandes. Saarbrücken.

Güllich, A., & Schmidtbleicher, D. (1999). Struktur der Kraftfähigeiten und ihrer Trai-ningsmethoden. Deutsche Zeitschrift für Sportmedizin , 50 (7+8), 223-234.

Gießing, J., Preuss, P., Greiwing, A., Goebel, S., Müller, A., Schischek, A., et al. (2005). Fundamental definitions of decisve training parameters of single-set training and mulit-ple-set training for muscle hypertrophy. In Current results of strength training research (S. 9-23). Göttingen: Cuvillier.

Kemmler, W. (1999). Einfluß unterschiedlicher Lebensabschnitte auf die belastungs-abhängige Reaktion ossärer Risikofaktoren einer Osteoporose. Deutsche Zeitschrift für Sportmedizin , 50 (4), 114-119.

Kemmler, W., & Riedel, R. (1998). Körperliche Belastung und Osteoporose. Einfluß ei-ner 10monatigen Interventionsmaßnahme auf ossäre und extraossäre Risikofaktoren einer Osteoporose. Deutsche Zeitschrift für Sportmedizin , 49 (9), 270-277.

Kraemer, W., & Fleck, S. (2007). Optimizing strenght training. Designing nonlinear pe-riodization workouts. Champaign .

Kralle, J. (2011). Fitnesstraining zur Figurstraffung (Bd. 2). Norderstedt: Books on De-mand GmbH.

Letzelter, M. (1978). Trainingsgrundlagen. Hamburg: Rowohlt.

Röhting, P. (1992). Sportwissenschaftliches Lexikon. 89.

Simao, R., Spineti, J., de Salles, B., Olveira, L., Matta, T., Miranda, F., et al. (2010). Influence of exercise order on maximum strength and muscle thickness in untrained men. Journal of Sports Science and Medicine , 9, 1-7.

Strack, A., & Eifler, C. (2005). The individual lifting perfomance method (ILP). A prac-tical method for fitness-and recreational strength training. Current results of strength training research , 153-163.

Thieß, G., Schnabel, G., & Baumann, R. (1980). Training von A bis Z. 89. Weineck, J. (2004). Optimales Training (Bd. 14). Ballingen: Spitta Verlag GmbH&Co.KG.

7   Tabellenverzeichnis